スイーツアーティスト KUNIKA × 戸塚刺しゅう

かわいいクッキー刺繍
Sweet Cookie Embroidery

はじめに

繊細なデザインとキュートなカラーリングが魅力のスイーツアーティストKUNIKAの
アイシングクッキーを、戸塚刺しゅうの技術で表現しました。
刺繍糸やビーズ・パールを使用して、クッキーの繊細さや色合いを表現し、刺繍小物と
してご紹介しています。
簡単なステッチだけを使用していますので、刺しゅう初心者の方にもKUNIKAの世界
観をお楽しみいただけます。

スイーツアーティスト
KUNIKA

マンダリンオリエンタル東京でパティシエとして修行したのち、スイーツアーティストとして独立。
撮影・展示用のシュガーケーキ、アイシングクッキー、キャラクターとのコラボレーションなどを手
がける。
現在はロンドンを拠点に創作活動を行う。
繊細かつキュート、独創的な世界感の作品は多くの人の心を惹きつけている。

戸塚刺しゅう

1952年から、刺しゅうの技術や技法を研究し
ながら、手作り文化として刺しゅうを広める活
動を進めている。ヨーロッパの刺繍をもとに、
日本人の感性に合わせてアレンジし、様々な手
法を取り入れ、たくさんのステッチを組み合わ
せることで、豊かな深みのある表現を楽しむこ
とができる刺繍を作り出している。

Contents

＊解説文中の材料で「コスモ」と明記のあるものは、発行日現在、コスモの
　商品として発売中の製品を示します。
　明記のないものは、その他の市販製品を示します。
　この本に関するお問い合わせは、小社編集部（TEL 03-3260-1859）まで
　お願いします。

Flower garden
秘密の花園のイメージはお気に入りの色で

刺しゅう枠オーナメント
how to make p38

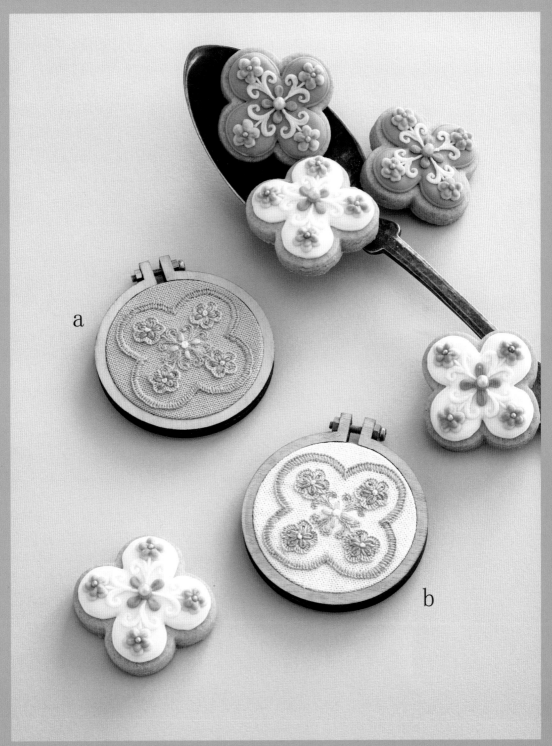

a

b

ミニチュア刺しゅう枠
how to make p39

a

b

Flower cameo

アンティークショップや蚤の市で見つけた
ヴィンテージジュエリーからインスピレーション

オーバルブローチ
how to make p40

6

a

b

Delicate petals

繊細な花びらを表現して

くるみボタンブローチ
how to make p39

a

b

c

Floral patterned turquoise blue

ターコイズ×ピンクで表現したタイル模様
同じ模様にならないように微妙に変えたデザイン
どれがお好き？

マグネット
how to make p46

8

a

b

Fantasy in blue

大好きな水色で、ビクトリア朝の壁の
装飾をイメージして

小物入れ
how to make p41

Spring color flower jewelry

春色の心ときめくお花のジュエリーをイメージ

ミニ巾着袋&コンパクトミラー
how to make p42

Embroidery flower
刺繍のような繊細さを表現して

フレーム
how to make p45

Tudor style jewelry

チューダー朝のジュエリーをイメージ
ビジュー感たっぷり

ショルダーポーチ
how to make p50

Navy x White jewelry

爽やかさの中にも可愛さが詰まった宝石をイメージ

巾着袋
how to make p52

巾着袋
how to make p54

15

Mehndi flowers

エキゾチックな異国の模様を砂漠の色で表現

b

a

a

b

ファスナーポーチ
how to make p58

Pearl ribbon

パールとアラザンをふんだんに使用した、ロマンチックなリボンを想い描いて

a

b

c

aバッグチャーム、bバレッタ、cブローチ
how to make p60

Floral labyrinth

お花の迷宮をイメージして

カルトナージュボックス
how to make p59

Retro blossoms

今まで旅してきたヨーロッパの建物や空気感の記憶に
思いを馳せて

ミニクッション
how to make p62

トートバッグ
how to make p63

24

マレーシアの伝統的な絹織物「ソンケット」
力強い青色に細かく美しい柄にうっとり

ミニバッグ
how to make p65

Country flower

ナチュラルな雰囲気で
カントリーっぽい感じがお気に入り

27

刺しゅう枠オーナメント
how to make p66

Flower Garden Brooch
お花のブローチをイメージして

Flower garden tile -Citron green-

春のそよ風が吹く理想のキッチンのタイルをイメージして

パネル仕立ての壁飾り
how to make p68

Floral butterfly

春風と幸せを運んでくれる花の蝶

ポーチ
how to make p70

刺しゅうをはじめる前に

◆ 用　布 ◆

刺しゅう用としては、綿や麻のものが刺しやすく、取扱いが簡単です。織り糸の太さが均一で、目が細かいものが良いでしょう。手芸材料店では、刺しゅう用に織られた布が手に入ります。

◆ 刺しゅう針 ◆

刺しゅう用の針は穴が細長いところが特徴で、針の長さや太さはいろいろ揃っています。刺しゅうする布の材質や刺しゅう糸の本数によって、針の太さ、長さを使い分けます。

◆ 針と糸との関係 ◆

針の号数は、針の太さと長さを示しています。数が大きくなるほど、針は細く、短くなります。2本どり、4本どり、6本どりなど、糸の本数に合わせて、針を選びましょう。

コスモフランス刺しゅう針	
2号	6〜8本どり
3号	4〜5本どり
4号	3〜4本どり
6号	1〜2本どり

◆ 刺しゅう糸 ◆

一般的に使われる糸としては、25番刺しゅう糸と5番刺しゅう糸、ラメ糸などがあります。一番よく使われる25番刺しゅう糸は、6本の細い糸がゆるくよられていて1本になっています。使用する時は、必要な本数に合わせて細い糸を1本ずつ抜き取って使います。使用する時は、下の「糸の扱い方」を参照して使いやすいように準備し、必要な本数を1本ずつ抜き取って使います。

◆ 刺しゅう枠 ◆

ふつうは円形の枠を使います。大きさは様々ですが、8〜12cmのものが使いやすいでしょう。

◆ 糸の扱い方 ◆

25番刺しゅう糸は紙帯をはずし、輪に巻いた状態に戻します（①図）。

次に輪の中に手を入れ、糸の端と端をつまんで、からまないように輪をほどいていきます（②図）。ほどき終わって半分の長さになった糸を、さらに半分ずつ2回折り、全体を8等分の長さにしたら糸を切ります（③図）。切り終わった糸に糸番号の付いた紙帯を通しておくと、配色や糸を追加する時に便利です。糸を使う時は、面倒でも使用本数に合わせて1本ずつ糸を抜き、揃えて使用します。その時、糸の中央から抜くと、抜きやすいでしょう。1本ずつ抜くことによって、糸目が揃い、出来上がりが美しくなります（④図）。

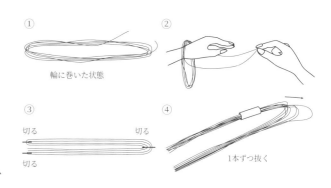

① 輪に巻いた状態　②　③ 切る　切る　切る　④ 1本ずつ抜く

◆ 糸を針に通す方法 ◆

針を片手に持ち、もう片方の手で糸の端を持ちます。糸を針の頭にあてたまま、糸を二つに折ります（①図）。親指と人指し指で糸の二つに折れた部分をしっかり挟み、針を抜いて糸に折り山を作ります（②図）。そのまま親指と人指し指を少し開いて糸の折り山をのぞかせ、糸を針の穴へ通します（③図）。

① ② ③

◆ 刺しはじめと刺しおわり ◆

刺しはじめ、刺しおわりとも、基本的に玉結びは作り
ません。刺しはじめは、途中で糸が抜けないように少
し離れたところから針を入れ、糸端を7〜8cm残して、
ステッチをはじめます。刺しおわりは裏に糸を出し、
最後の針目の糸をすくい、同じように数回糸をくぐら
せてから、糸を切ります。刺しはじめに残した糸にも
針を通して、刺しおわりと同じように針目に糸をくぐ
らせてから糸を切ります。

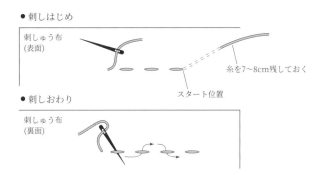

● 刺しはじめ

刺しゅう布
(表面)

糸を7〜8cm残しておく

スタート位置

● 刺しおわり

刺しゅう布
(裏面)

◆ 布の準備 ◆

この本では、綿と麻の布を使用していますが、布は種類によっては縮みが出るものがありますので、防止のために水通し
をすることをおすすめします。
水通しは、布をたっぷりのぬるま湯や水に数時間から一晩つけておき、軽めに絞って日陰干しします。半乾きになったと
ころで、布目を整えるために布目に沿って縦と横にアイロンをかけます。

◆ 図案の写し方 ◆

図案の上にトレーシングペーパーなど透ける紙を重ねて、
鉛筆で図案を写します。
次にこのトレーシングペーパーを布の上に置き、間に
「刺しゅう用コピーペーパー」をはさみ、まち針等で固定します。
図案紙が破けないように、セロファン紙を図案の上にかぶせ、
「転写用ペン」や「インクのなくなったボールペン」などで図案
の線をていねいになぞります。
＊図案写しは転写の専門業者に依頼することもできます。
　詳しくは小社編集部（TEL 03-3260-1859）にお問い
　合わせ下さい。

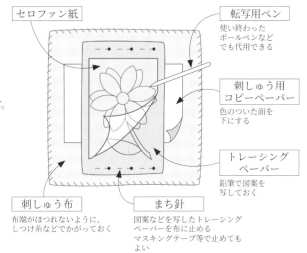

セロファン紙

転写用ペン
使い終わった
ボールペンなど
でも代用できる

刺しゅう用
コピーペーパー
色のついた面を
下にする

トレーシング
ペーパー
鉛筆で図案を
写しておく

刺しゅう布
布端がほつれないように、
しつけ糸などでかがっておく

まち針
図案などを写したトレーシング
ペーパーを布に止める
マスキングテープ等で止めても
よい

◆ ビーズについて ◆

＊この本では、ガラス製の丸小ビーズ(直径2mm前後)と特小ビーズ(直径1.5mm前後)、様々な大きさのパールビーズを使用してい
　ます。ビーズの色はメーカーによって微妙に違うので、布地や刺しゅうの色合い等に合わせて選びます。
＊糸は、刺しゅうやビーズの色合いに合わせた刺しゅう糸2本どりを使用しています。その他ミシン糸やテグス等、細くて
　丈夫な糸が適しています。
＊針は、ビーズクラフト用の針や、ビーズが通る細目の縫い針、フランス刺しゅう針を使用します。
＊ビーズを付ける際は、刺しゅうが終わってから付けます。また、接着芯を付ける仕立てのあるものは、接着芯を貼ってか
　らビーズを付けるようにします。
＊パールビーズは熱に弱いので、仕上げにアイロンをかける際は、直接あたらないように十分注意しましょう。

◆ ビーズの付け方 ◆

〈1粒ずつ付ける〉

〈連続して付ける〉

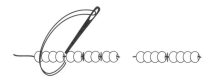

〈円形に付ける〉

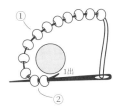

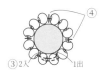

① 中央のパールの際から針を出し、周りの長さに合わせて
　 ビーズを一度に通す。
② 最初に糸を通したビーズ2つに再び針を通す。
③ 中央のパールに沿って糸を引き締め、一度針を入れる。
④ 続けて数箇所糸を止める。

◆ 洗濯について ◆

刺しゅう糸がほつれてこないよう裏側の糸の始末を確認しましょう。洗濯は一度水につけてから中性洗剤を入れ、やさしく押し洗いをし、その後、水で何度もすすぎます。この時、万一余分な染料が出ても、あわてて水から出さずに、色が出るのが止まるまで、充分すいで洗い流します。脱水はたたんで軽く脱水機にかけるか、タオルに挟んで水分を取り、薄く糊づけします。乾燥は風通しの良い所で日陰干しをし、アイロンはステッチがつぶれないように毛布などの柔らかい物を台にして、裏から霧を吹きかけながら高温(摂氏180〜210度)で当てます。クリーニングに出す時はフッソ系のドライクリーニングが最も安全ですが、いずれにしても店とよく相談して下さい。

● 美しく刺すために ●

＊ 糸の引き加減はきつすぎずゆるすぎず、均一の調子で刺し、ステッチの大きさが揃うようにしましょう。

＊ 刺しているうちに針に付けた糸がねじれてくるので、よりを戻しながら刺しましょう。

＊失敗して何度もほどいた糸は、けば立って仕上がりが美しくありません。新しい糸に替えて刺しましょう。

＊ 裏側で糸を長く渡さないようにしましょう。先に刺したステッチを利用し、その中を通したり、からめたりして糸を
　 渡します。

この本の見方

● 図案中の解説は、ステッチ名(「・S」はステッチの略)、糸番号(3〜4桁の数字)、糸の使用本数(( )内の数字)の順で表示し、図案に矢印で示しています。ステッチは、36頁の「ステッチの基礎」を参照してください。ステッチ記号、ステッチ名の一部は写真で見て分かるところを省略していますが、分かりにくい部分はステッチ記号を入れています。

● 糸は、全てコスモ25番刺しゅう糸を使用しています。

● 図案、型紙は全て実物大です。

● 刺す順番は、原則的には外側から刺しますが、輪郭や区切りの線は内側を刺し終えてから刺します。また、①②...の表記のあるところは、その順番で刺します。

ステッチの基礎

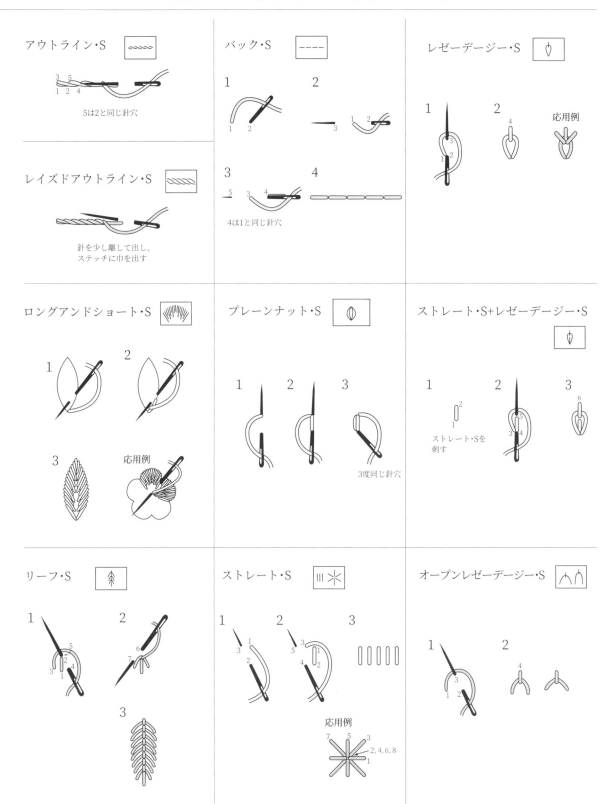

アウトライン・S

5は2と同じ針穴

レイズドアウトライン・S

針を少し離して出し、
ステッチに巾を出す

バック・S

1　2

3　4

4は1と同じ針穴

レゼーデージー・S

1　2　応用例

ロングアンドショート・S

1　2

3　応用例

プレーンナット・S

1　2　3

3度同じ針穴

ストレート・S＋レゼーデージー・S

1　2　3

ストレート・Sを
刺す

リーフ・S

1　2

3

ストレート・S

1　2　3

応用例

オープンレゼーデージー・S

1　2

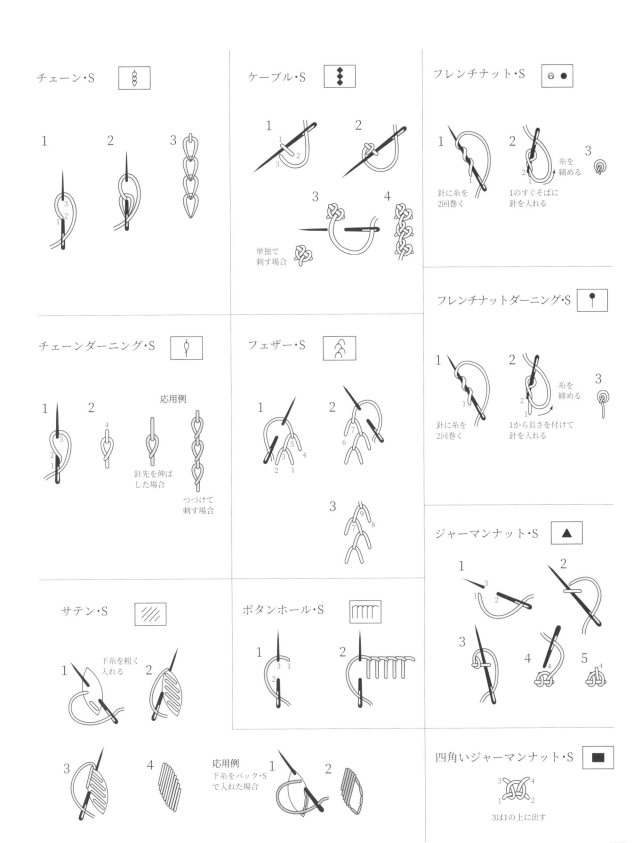

チェーン・S

1　2　3

ケーブル・S

1　2

3　4

単独で
刺す場合

フレンチナット・S

1　2　3

針に糸を
2回巻く

1のすぐそばに
針を入れる

糸を
締める

チェーンダーニング・S

1　2　応用例

針先を伸ば
した場合

つづけて
刺す場合

フェザー・S

1　2

3

フレンチナットダーニング・S

1　2　3

針に糸を
2回巻く

1から長さを付けて
針を入れる

糸を
締める

ジャーマンナット・S

1　2

3　4　5

サテン・S

1　下糸を粗く
入れる　2

3　4　応用例
下糸をバック・S
で入れた場合
1　2

ボタンホール・S

1　2

四角いジャーマンナット・S

3は1の上に出す

37

Flower garden
刺しゅう枠オーナメント
口絵 p4

材料
刺しゅう布 / 麻地 (サックス)　20×20cm
刺しゅう糸 / コスモ25番刺しゅう糸
　　　　　　黄142　茶307　グリーン317・318　赤紫2480・482　ブルー2662　白2500
ビーズ / 4mm パール (淡ブルー)　1個、丸小ビーズ (ゴールド)　適宜
その他 / 直径8cmの刺しゅう枠　1個

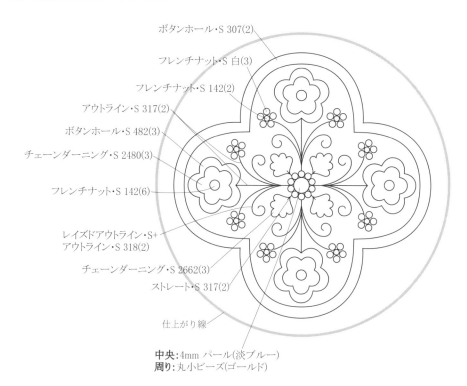

ボタンホール・S 307(2)
フレンチナット・S 白(3)
フレンチナット・S 142(2)
アウトライン・S 317(2)
ボタンホール・S 482(3)
チェーンダーニング・S 2480(3)
フレンチナット・S 142(6)
レイズドアウトライン・S+
アウトライン・S 318(2)
チェーンダーニング・S 2662(3)
ストレート・S 317(2)
仕上がり線

中央:4mm パール(淡ブルー)
周り:丸小ビーズ(ゴールド)

刺しゅう枠

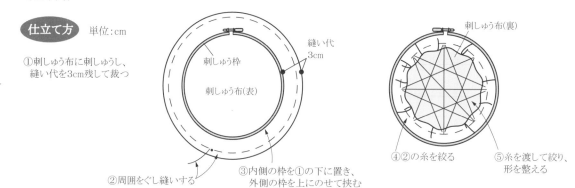

仕立て方　単位:cm

①刺しゅう布に刺しゅうし、
　縫い代を3cm残して裁つ

刺しゅう枠
刺しゅう布(表)

縫い代
3cm

②周囲をぐし縫いする
③内側の枠を①の下に置き、
　外側の枠を上にのせて挟む

刺しゅう布(裏)

④②の糸を絞る
⑤糸を渡して絞り、
　形を整える

Flower garden
ミニチュア刺しゅう枠
口絵 p5

材料
刺しゅう布 / a　コスモ1700番フリーステッチ用コットンクロス (27すみれ)　15×15cm
　　　　　　b　コスモ1700番フリーステッチ用コットンクロス (11ホワイト)　15×15cm
刺しゅう糸 / コスモ25番刺しゅう糸
　　　　　　黄142　ブルー2212、523　茶307　グリーン317　赤紫2480　白2500
その他 / 市販のミニチュア刺しゅう枠セット [約5.5×6cm]　1個 (一個分)

＊刺しゅう布以外の材料はa、b共通です。
＊刺しゅうはa、b同様に刺します。
＊この作品は、市販のミニチュア刺しゅう枠セット
　を使用しました。
　付属の説明書をよくご覧になってから、
　加工を始めてください。

ボタンホール・S 307(2)
ストレート・S＋レゼーデージー・S 2212(2)
ボタンホール・S 523(2)
フレンチナット・S 142(2)
アウトライン・S 317(2)
フレンチナット・S 白(3)
仕上がり線
プレーンナット・S 2480(3)

Delicate petals
くるみボタンブローチ
口絵 p7

材料
刺しゅう布 / コスモ1700番フリーステッチ用コットンクロス (50ライトハニー)　15×15cm (一個分)
刺しゅう糸 / コスモ25番刺しゅう糸
　　　　　　a　黄141・142　ローズ221　茶307
　　　　　　b　ローズ221　紫262　茶307　ブルー412
ビーズ / 4mm パール (ライトグレー)　1個、特小ビーズ (ライトゴールド)　適宜 (各一個分)
その他 / 市販の手芸用くるみボタンブローチセット [出来上がりサイズ：直径4cm]　1個 (一個分)

＊糸番号は、a(b)の順に解説しています。
　( )のないものは共通です。
＊刺しゅう糸以外の材料はa、b共通です。
＊この作品は、市販のくるみボタンブローチセット
　を使用しました。
　付属の説明書をよくご覧になってから、
　加工を始めてください。

アウトライン・S 307(1)
ロングアンドショート・S(1段)
221(412)(2)
サテン・S 141(221)(2)
142(262)(2)
中央:4mm パール(ライトグレー)
周り:特小ビーズ(ライトゴールド)
仕上がり線

Flower cameo
オーバルブローチ
口絵 p6

材料
刺しゅう布 / コスモ1700番フリーステッチ用コットンクロス (11ホワイト)　20×15cm (一個分)
刺しゅう糸 / コスモ25番刺しゅう糸
a　黄141　青紫173　紫262・265、2281・282　グリーン271・272、334〜336　赤紫2480・482　白2500
b　黄142　ブルー2212、523、663　紫282・283　グリーン334、2535　赤紫481A　白2500
その他 / 市販の手芸用ブローチ台 [ヨコ4.5×タテ6.5cm]　1個 (一個分)

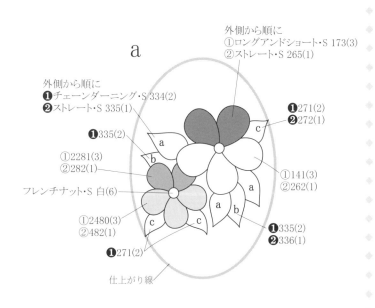

a

外側から順に
①ロングアンドショート・S 173(3)
②ストレート・S 265(1)

外側から順に
❶チェーンダーニング・S 334(2)
❷ストレート・S 335(1)

❶335(2)

①2281(3)
②282(1)

フレンチナット・S 白(6)

①2480(3)
②482(1)

❶271(2)

❶271(2)
❷272(1)

①141(3)
②262(1)

❶335(2)
❷336(1)

仕上がり線

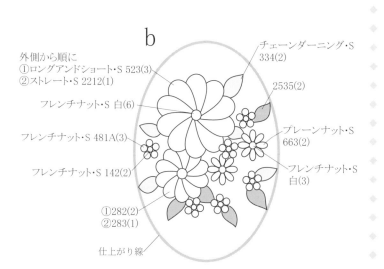

b

外側から順に
①ロングアンドショート・S 523(3)
②ストレート・S 2212(1)

フレンチナット・S 白(6)

フレンチナット・S 481A(3)

フレンチナット・S 142(2)

①282(2)
②283(1)

仕上がり線

チェーンダーニング・S 334(2)

2535(2)

プレーンナット・S 663(2)

フレンチナット・S 白(3)

仕立て方　単位:cm

①刺しゅう布に刺しゅうする
②2cmの縫い代を残して裁つ
③余った刺しゅう布を中板と同じ大きさにカットしておく
④周囲をぐし縫いする
⑤中板の色が表に響かないように、④に③を重ねてから、中板を重ねて絞る
⑥⑤に糸を渡して絞り、形を整える
⑦⑥の裏にボンドを付けて台座に貼り付ける

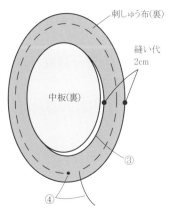

刺しゅう布(裏)

縫い代
2cm

中板(裏)

③

④

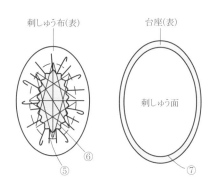

刺しゅう布(表)

台座(表)

刺しゅう面

⑤

⑥

⑦

40

Fantasy in blue
小物入れ
口絵 p9

材料
刺しゅう布 / 麻地 (**a**：濃ブルー、**b**：ライトブルー) 15×15cm(一個分)
刺しゅう糸 / コスモ25番刺しゅう糸 茶307 白2500
ビーズ / 6mm パール(白) 1個、 丸小ビーズ(ゴールド) 適宜(各一個分)
その他 / 市販の缶の小物入れ[直径：約9cm / 刺しゅう面：直径8.7cm]
1個、厚紙 適宜、キルト芯 適宜(各一個分)

＊刺しゅう布以外の材料は**a**、**b**共通です。
＊作品作りに入る前に、市販の缶の小物入れを先に購入し、
　図案の大きさを合わせてから刺し始めると良いでしょう。
＊糸は指定以外全て白で刺します。

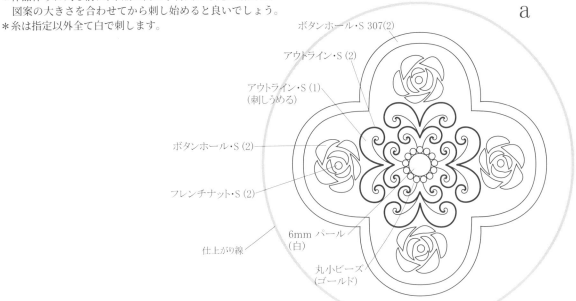

a

ボタンホール・S 307(2)
アウトライン・S (2)
アウトライン・S (1)
(刺しうめる)
ボタンホール・S (2)
フレンチナット・S (2)
仕上がり線
6mm パール
(白)
丸小ビーズ
(ゴールド)

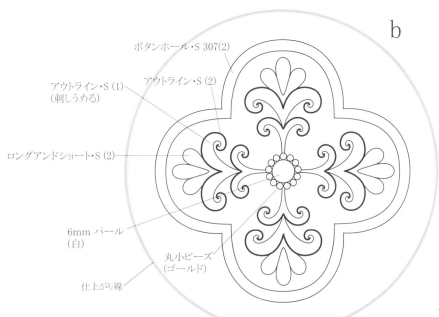

b

ボタンホール・S 307(2)
アウトライン・S (1)
(刺しうめる)
アウトライン・S (2)
ロングアンドショート・S (2)
6mm パール
(白)
丸小ビーズ
(ゴールド)
仕上がり線

小物入れの仕立て方はp42に掲載

The black background
ミニ巾着袋&コンパクトミラー

＜ミニ巾着袋＞

裁ち方図 単位:cm

表布…刺しゅう布
裏布…木綿地

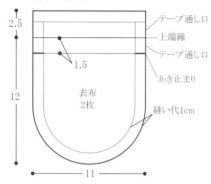

2.5
テープ通し口
上端線
テープ通し口
1.5
あき止まり
12
表布
2枚
縫い代1cm
11

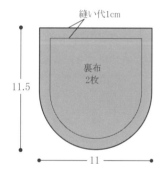

縫い代1cm
裏布
2枚
11.5
11

仕立て方

① 表布前面に刺しゅうする
② ①と表布後面を中表に合わせ、あき止まりから下を縫う
③ 裏布も②と同様にして内袋を作る
④ ②の縫い代を割り、縫い代を外表に倒してアイロンで形を作る
　 内袋も同様にする
⑤ ④の袋口を上端線から折ってミシンをかけ、テープ通しを作る
⑥ ⑤を表に返し、上端の縫い代を外表に折り込んだ③を入れ、ミシン目の
　 きわにまつりつける
⑦ テープ通し口にサテンリボン(30cm×2本)を両側から通し、結ぶ

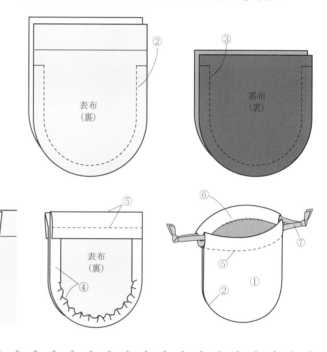

Fantasy in blue　　**解説はp41に掲載**
小物入れ
口絵 p9

仕立て方
① 表布に刺しゅうをし、1.5cmの縫い代を残して裁つ
② 厚紙、キルト芯を仕上がり線に合わせカットする
③ ①の縫い代をぐし縫いする

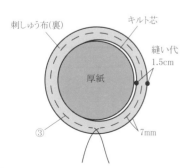

刺しゅう布(裏)
キルト芯
縫い代
1.5cm
厚紙
③
7mm

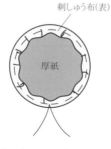

刺しゅう布(表)
厚紙

④③の裏にキルト芯、厚紙の順に重ね、
絞る

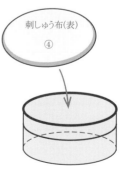

刺しゅう布(表)
④

⑤④の裏にボンドを付けて
缶のふたに貼り付ける

材料

刺しゅう布 / コスモ1700番フリーステッチ用コットンクロス (4ネイビー)　ヨコ25×タテ20cm
刺しゅう糸 / コスモ25番刺しゅう糸
　　　　　黄144A、2297　青紫2172　グリーン333～335・337　赤紫2480　ピンクローズ
　　　　　502　金茶822　白2500
その他 / 裏地用木綿地　ヨコ25×タテ15cm、5mm巾サテンリボン　60cm
※仕上がりサイズ：ヨコ9×タテ11cm

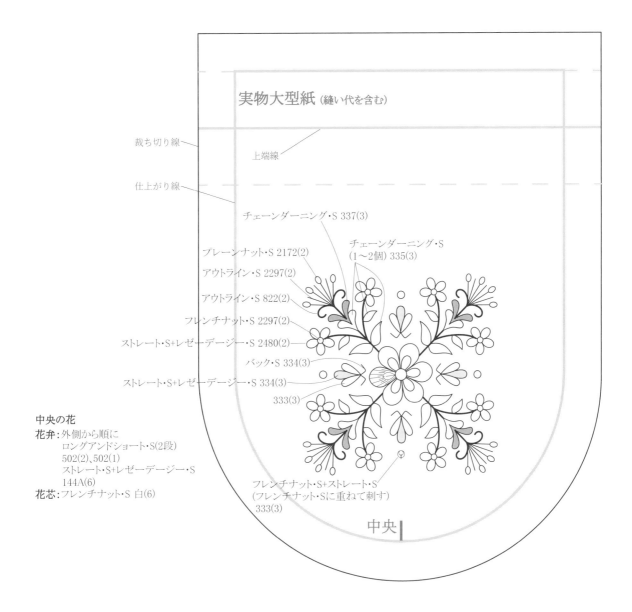

実物大型紙 (縫い代を含む)

裁ち切り線
仕上がり線
上端線

チェーンダーニング・S 337(3)
チェーンダーニング・S (1～2個) 335(3)
プレーンナット・S 2172(2)
アウトライン・S 2297(2)
アウトライン・S 822(2)
フレンチナット・S 2297(2)
ストレート・S+レゼーデージー・S 2480(2)
バック・S 334(3)
ストレート・S+レゼーデージー・S 334(3)
333(3)
フレンチナット・S+ストレート・S (フレンチナット・Sに重ねて刺す) 333(3)

中央

中央の花
花弁：外側から順に
　　　ロングアンドショート・S(2段)
　　　502(2)、502(1)
　　　ストレート・S+レゼーデージー・S
　　　144A(6)
花芯：フレンチナット・S 白(6)

The black background
ミニ巾着袋&コンパクトミラー
口絵 p11

〈コンパクトミラー〉

材料
刺しゅう布 / コスモ1700番フリーステッチ用コットンクロス (4ネイビー)　15×15cm
刺しゅう糸 / コスモ25番刺しゅう糸
　　　　　　青紫2172　黄2297　グリーン335・337　ブルー2412・415　赤紫481A　白2500
その他 / キルト芯　適宜、市販の手芸用コンパクトミラー　1個

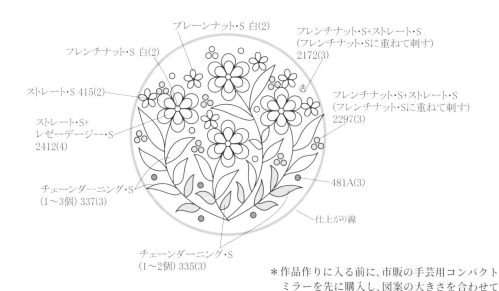

プレーンナット・S 白(2)

フレンチナット・S 白(2)

フレンチナット・S+ストレート・S
(フレンチナット・Sに重ねて刺す)
2172(3)

ストレート・S 415(2)

フレンチナット・S+ストレート・S
(フレンチナット・Sに重ねて刺す)
2297(3)

ストレート・S+
レゼーデージー・S
2412(4)

481A(3)

チェーンダーニング・S
(1〜3個) 337(3)

仕上がり線

チェーンダーニング・S
(1〜2個) 335(3)

＊作品作りに入る前に、市販の手芸用コンパクト
　ミラーを先に購入し、図案の大きさを合わせて
　から刺し始めると良いでしょう。

仕立て方

①刺しゅう布に刺しゅうする
②1cmの縫い代を残して裁つ
③周囲をぐし縫いする
④③の裏にキルト芯、中板の順に重ねて絞る
⑤④に糸を渡して絞り、形を整える
⑥ミラー本体に両面テープで貼り付ける

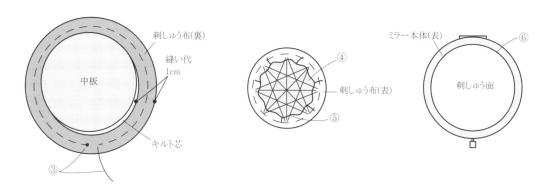

刺しゅう布(裏)

縫い代
1cm

中板

キルト芯

③

④

刺しゅう布(表)

⑤

ミラー本体(表)

⑥

刺しゅう面

Embroidery flower
フレーム
口絵 p12

＊作品作りに入る前に、市販の額縁を先に
　購入し、図案の大きさを合わせてから刺
　し始めると良いでしょう。
＊中央の花芯は麻布(ホワイト)で別パーツ
　を作り、花芯付け位置に最後に縫い付け
　ます。

中央の花 花芯
麻布(ホワイト)で作ったパーツをつける

別パーツ作り方
1 麻布(ホワイト)に解説の刺しゅうをし、周りを0.5cm残して裁つ
2 周囲をぐし縫いし、仕上がり線と同じ大きさにカットしたキルト
　芯と厚紙を入れて絞る
3 2に糸を渡して絞り、形を整える
4 中央の花芯付け位置に、300(1)で表に響かないように止め付ける

材料
刺しゅう布 / **本体：**麻地 (ブルー)　20×20cm
　　　　　　中央の花の花芯：麻地 (ホワイト)　10×10cm
刺しゅう糸 / コスモ25番刺しゅう糸
　　　　　黄141〜143、300、2009　ピンク203　茶307　グリーン
　　　　　316A・317・318　白2500
その他 / 厚紙、キルト芯　各適宜、
　　　　　市販の額縁 [額内寸：14.5×14.5cm]　1個

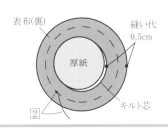

中央の花 花芯:
①糸を渡す
②バック・S (①に重ねる)
300(2)
(仕上がりより多少多めに刺す)

ボタンホール・S 307(2)
レイズドアウトライン・S 2009(2)
チェーンダーニング・S 2009(3)
チェーンダーニング・S 317(2)
アウトライン・S 317(1)
フレンチナット・S 142(6)
アウトライン・S 143(2)
チェーンダーニング・S 318(2)
アウトライン・S 316A(1)
リーフ・S 316A(2)
レイズドアウトライン・S 白(2)
フレンチナット・S 141(2)
フレンチナットダーニング・S 142(3)
プレーンナット・S 142(2)
203(2)
花芯付け位置
4
仕上がり線
(額の裏板のサイズ)

フレームの仕立て方はp52に掲載

Floral patterned turquoise blue
マグネット
口絵 p8

材料
刺しゅう布 / コスモ1700番フリーステッチ用コットンクロス (41ターコイズグリーン)　15×15cm
刺しゅう糸 / コスモ25番刺しゅう糸
　　　　　　グリーン317、630A・631　赤紫481A　紫紺553　オレンジ750A　白2500
ビーズ / 4mm パール (白)　1個
　　　　丸小ビーズ (クリーム)、特小ビーズ (ライトゴールド)　各適宜
その他 / キルト芯、底板用ボード、3cm幅マグネットシート　各適宜

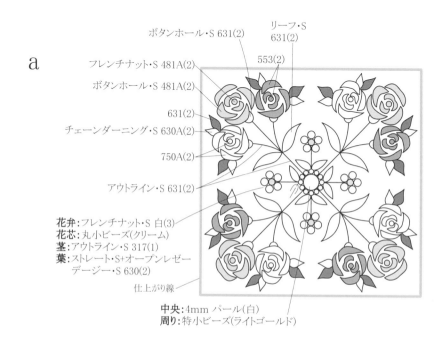

a

ボタンホール・S 631(2)
リーフ・S 631(2)
フレンチナット・S 481A(2)
553(2)
ボタンホール・S 481A(2)
631(2)
チェーンダーニング・S 630A(2)
750A(2)
アウトライン・S 631(2)

花弁：フレンチナット・S 白(3)
花芯：丸小ビーズ (クリーム)
茎：アウトライン・S 317(1)
葉：ストレート・S＋オープンレゼーデージー・S 630(2)

仕上がり線

中央：4mm パール (白)
周り：特小ビーズ (ライトゴールド)

仕立て方

①刺しゅう布に刺しゅうする
②周りを1cm残して裁つ
③②の裏に、仕上がり線の大きさにカットしたキルト芯と底板ボードを順に重ねる。ボードの上下に両面テープを貼っておく

④刺しゅう布の角を4ヶ所すべてカットし、上下の布を貼り付ける
⑤④に重ねて左右にも両面テープを貼り、左右の布を角を折り込みながら貼り付ける
⑥⑤の裏面に、5.8×5.8cmにカットした底板ボードを両面テープで貼り付け、マグネットシートを貼り付ける。

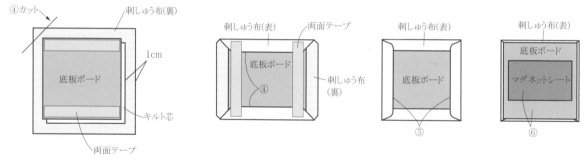

④カット
刺しゅう布(裏)
1cm
底板ボード
キルト芯
両面テープ

刺しゅう布(表)
両面テープ
底板ボード
刺しゅう布(裏)
④

刺しゅう布(表)
底板ボード
⑤

刺しゅう布(表)
底板ボード
マグネットシート
⑥

材料

刺しゅう糸 / コスモ25番刺しゅう糸
グリーン317、630A　ブルー412　赤紫482　白2500
ビーズ / 4mm パール (淡ブルー)　4個、4mm パール (白)　1個
丸小ビーズ (クリーム)、特小ビーズ (ライトゴールド)　各適宜

*刺しゅう布、その他の材料、仕立て方は**a**と同様です。

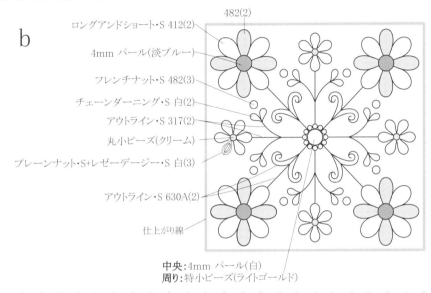

b

482(2)

ロングアンドショート・S 412(2)

4mm パール(淡ブルー)

フレンチナット・S 482(3)

チェーンダーニング・S 白(2)

アウトライン・S 317(2)

丸小ビーズ(クリーム)

プレーンナット・S+レゼーデージー・S 白(3)

アウトライン・S 630A(2)

仕上がり線

中央:4mm パール(白)
周り:特小ビーズ(ライトゴールド)

材料

刺しゅう糸 / コスモ25番刺しゅう糸
グリーン317、630A・631　赤紫480A・481A　白2500
ビーズ / 4mm パール (淡ブルー)　1個、丸小ビーズ (クリーム)、特小ビーズ (ライトゴールド)　各適宜

*刺しゅう布、その他の材料、仕立て方は**a**と同様です。

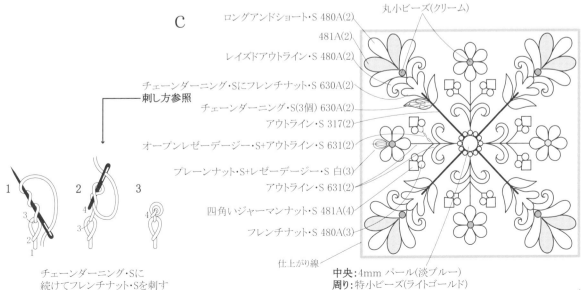

c

ロングアンドショート・S 480A(2)

481A(2)

丸小ビーズ(クリーム)

レイズドアウトライン・S 480A(2)

チェーンダーニング・Sにフレンチナット・S 630A(2)

チェーンダーニング・S(3個) 630A(2)

アウトライン・S 317(2)

オープンレゼーデージー・S+アウトライン・S 631(2)

プレーンナット・S+レゼーデージー・S 白(3)

アウトライン・S 631(2)

四角いジャーマンナット・S 481A(4)

フレンチナット・S 480A(3)

仕上がり線

刺し方参照

1　2　3

チェーンダーニング・Sに
続けてフレンチナット・Sを刺す

中央:4mm パール(淡ブルー)
周り:特小ビーズ(ライトゴールド)

47

Spring color flower jewelry
ピンクッション
口絵 p10

材料
刺しゅう布 / コスモ1700番フリーステッチ用コットンクロス (33ピンク)　15×15cm
刺しゅう糸 / コスモ25番刺しゅう糸
　　　　　　　青紫2172　黄2297　茶307　グリーン333・334　赤紫2480　白2500
ビーズ / 3mm パール (白)　1個、特小ビーズ (ライトゴールド)　適宜
その他 / ウッドボウル [直径：約6cm]　1個、手芸用綿　適宜

a

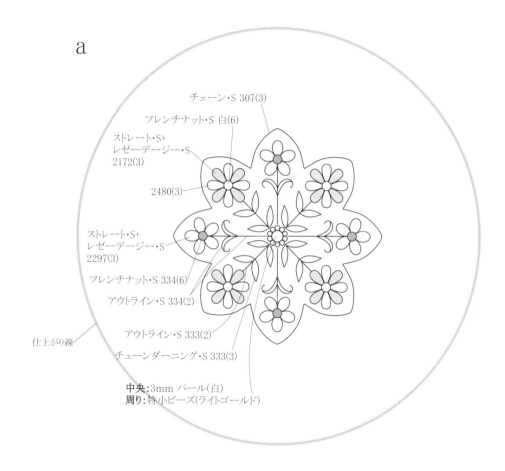

チェーン・S 307(3)
フレンチナット・S 白(6)
ストレート・S＋
レゼーデージー・S
2172(3)
2480(3)
ストレート・S＋
レゼーデージー・S
2297(3)
フレンチナット・S 334(6)
アウトライン・S 334(2)
アウトライン・S 333(2)
チェーンダーニング・S 333(3)
仕上がり線
中央:3mm パール(白)
周り:特小ビーズ(ライトゴールド)

材料

刺しゅう布 / コスモ1700番フリーステッチ用コットンクロス (41ターコイズグリーン)　15×15cm
刺しゅう糸 / コスモ25番刺しゅう糸
　　　　　　ピンク111　茶307　グリーン2323　ブルー2021　白2500
ビーズ / 3mm パール (白) 1個、特小ビーズ (ライトゴールド)　適宜
その他 / ウッドボウル [直径：約6cm] 1個、手芸用綿　適宜

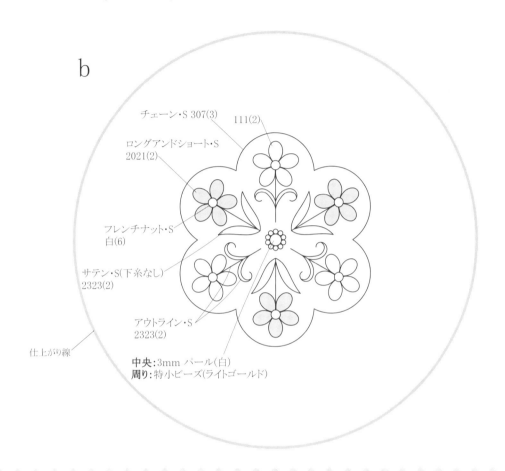

b

チェーン・S 307(3)　　111(2)
ロングアンドショート・S
2021(2)
フレンチナット・S
白(6)
サテン・S(下糸なし)
2323(2)
アウトライン・S
2323(2)
中央:3mm パール(白)
周り:特小ビーズ(ライトゴールド)

仕上がり線

単位:cm

①刺しゅう布に刺しゅうし、
　縫い代を1.5cm残して裁つ

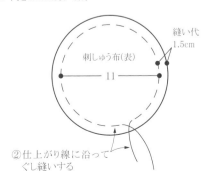

縫い代
1.5cm
刺しゅう布(表)
11

②仕上がり線に沿って
　ぐし縫いする

綿

刺しゅう布(表)

③②に綿を入れ、形を整え
　ながら糸を引き、結ぶ

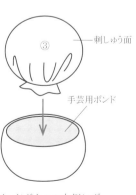

③
刺しゅう面

手芸用ボンド

④ウッドボウルの内側にボ
　ンドを塗り、③を入れる

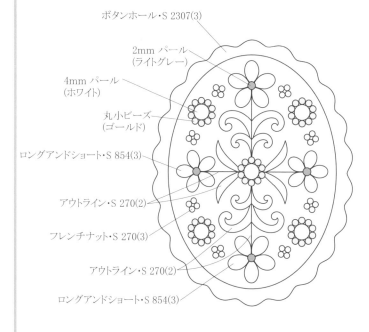

上端線

あき口

Tudor style jewelry
ショルダーポーチ
口絵 p13

材料
刺しゅう布 / 麻地 (ダークグリーン)　ヨコ35×タテ25cm
刺しゅう糸 / コスモ25番刺しゅう糸
　　　　　　グリーン270　茶2307　赤茶854
ビーズ / 4mm パール (ホワイト)　5個、2mm パール (ライトグレー)　4個、
　　　　丸小ビーズ (ゴールド)　適宜
その他 / 裏地用木綿地　ヨコ40×タテ25cm、接着キルト芯　ヨコ30×タテ25cm、
　　　　5mmツイストロープ (黒)　2m
※仕上がりサイズ：ヨコ13×タテ18cm

ボタンホール・S 2307(3)

2mm パール
(ライトグレー)

4mm パール
(ホワイト)

丸小ビーズ
(ゴールド)

ロングアンドショート・S 854(3)

アウトライン・S 270(2)

フレンチナット・S 270(3)

アウトライン・S 270(2)

ロングアンドショート・S 854(3)

実物大型紙 (縫い代を含む)

仕上がり線

裁ち切り線

中央

裁ち方図 単位:cm

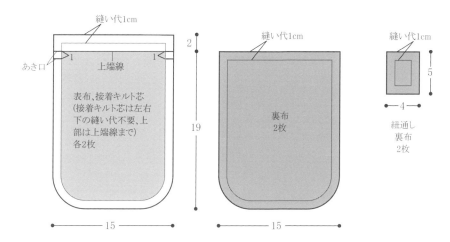

縫い代1cm

あき口

上端線

表布,接着キルト芯
(接着キルト芯は左右
下の縫い代不要,上
部は上端線まで)
各2枚

2

19

15

縫い代1cm

裏布
2枚

15

縫い代1cm

5

4

紐通し
裏布
2枚

仕立て方 単位:cm

①表布前面に刺しゅうする
②①と表布後面の裏に接着キルト芯を貼る
③①と表布後面を中表に合わせ,あき口を残して3辺を縫う
④③の縫い代を外表に折り,アイロンで形を作る
⑤紐通し用布の上下の縫い代を折り,ミシンをかける
⑥⑤を2つ折りにし,片側の裏布(表)に仮止めする
⑦裏布を中表に合わせ,ミシンをかける
⑧縫い代を④と同様にして,表に返さずに中表のままにしておく
⑨表に返した④の周囲にツイストロープ(50cm)を両端2cm程度残して
　まつりつける
⑩⑨の両端を切りそろえてあき口に入れ込み,あき口を縫い閉じる。
　さらに表布の裏側から縫い付けてツイストロープが抜けないように
　固定し,袋口を上端線から内側に折り込む
⑪⑩に上端の縫い代を外表に折り込んだ⑧を入れ,1cm下にまつり
　つける
⑫紐通しに肩紐用ツイストロープの端を入れ,長さを調節して結ぶ

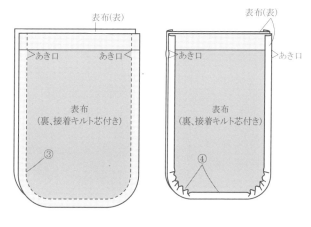

表布(表)

あき口　　　あき口

表布
(裏、接着キルト芯付き)

③

表布(表)

あき口　　　あき口

表布
(裏、接着キルト芯付き)

④

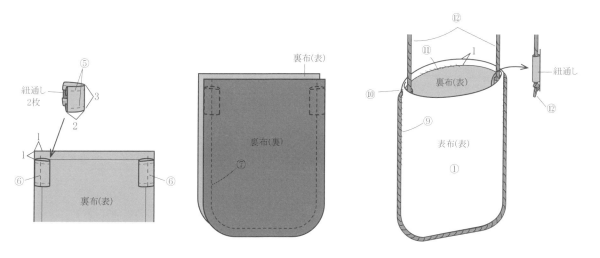

紐通し
2枚

⑤

3

2

1

1

⑥　　　　　　⑥

裏布(表)

裏布(表)

裏布(裏)

⑦

⑫

⑪

⑩

⑨

表布(表)

①

裏布(表)

1

紐通し

⑫

51

Navy x White jewelry

巾着袋
口絵 p14

裁ち方図 　単位:cm

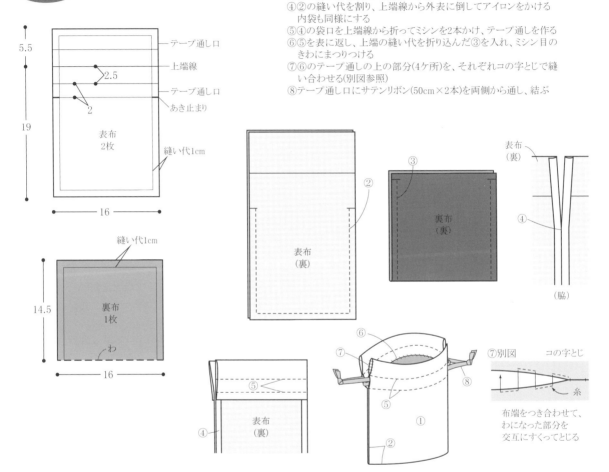

5.5

- テープ通し口
- 上端線
- テープ通し口
- あき止まり

2.5

2

19

表布
2枚

縫い代1cm

16

縫い代1cm

14.5

裏布
1枚

わ

16

仕立て方

①表布前面に刺しゅうする
②①と表布後面を中表に合わせ、あき止まりから下を縫う
③裏布も②と同様にして内袋を作る
④②の縫い代を割り、上端線から外表に倒してアイロンをかける　内袋も同様にする
⑤④の袋口を上端線から折ってミシンを2本かけ、テープ通しを作る
⑥⑤を表に返し、上端の縫い代を折り込んだ③を入れ、ミシン目のきわにまつりつける
⑦⑥のテープ通しの上の部分(4ケ所)を、それぞれコの字とじで縫い合わせる(別図参照)
⑧テープ通し口にサテンリボン(50cm×2本)を両側から通し、結ぶ

表布
(裏)

②

③

裏布
(裏)

表布
(裏)

④

(脇)

⑥
⑦
⑤
①
②
⑧

④

⑤

表布
(裏)

②

⑦別図　　コの字とじ

糸

布端をつき合わせて、
わになった部分を
交互にすくってとじる

Embroidery flower 　解説はp45に掲載

フレーム
口絵 p12

仕立て方

①刺しゅう布に刺しゅうをし、1.5cmの縫い代を残して裁つ
②①に仕上がり線と同じ大きさにカットしたキルト芯、厚紙の順に重ね、布がたるまないように両面テープでとめる
③額縁に入れ込む

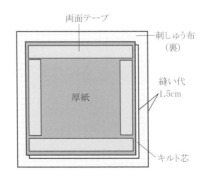

両面テープ
刺しゅう布
(裏)
厚紙
縫い代
1.5cm
キルト芯

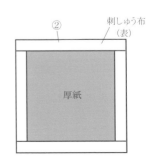

②
刺しゅう布
(表)
厚紙

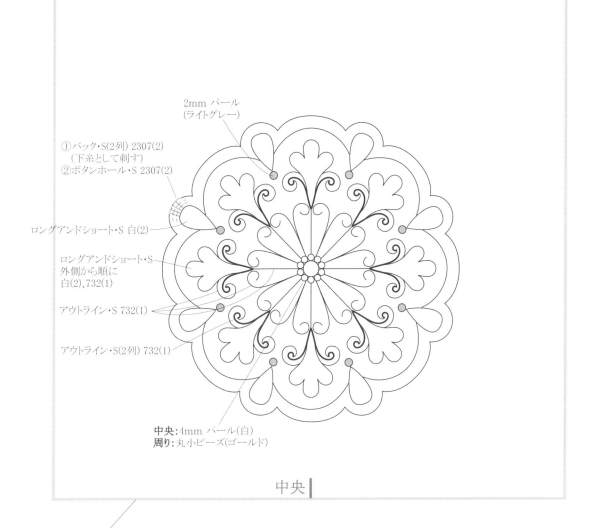

上端線

材料
刺しゅう布 / 麻地 (ブルー)　ヨコ40×タテ30cm
刺しゅう糸 / コスモ25番刺しゅう糸
　　　　　ブルーグレー732　茶2307　白2500
ビーズ / 4mm パール (白)　1個、2mm パール (ライトグレー)　8個、
　　　　丸小ビーズ (ゴールド)　適宜
その他 / 裏地用木綿地　ヨコ20×タテ30cm、5mm巾サテンリボン (ブルーグレー)　1m
※仕上がりサイズ：ヨコ14×タテ18cm

2mm パール
(ライトグレー)

①バック・S(2列) 2307(2)
　(下糸として刺す)
②ボタンホール・S 2307(2)

ロングアンドショート・S 白(2)

ロングアンドショート・S
外側から順に
白(2)、732(1)

アウトライン・S 732(1)

アウトライン・S(2列) 732(1)

中央:4mm パール(白)
周り:丸小ビーズ(ゴールド)

中央

仕上がり線

Navy x White jewelry

巾着袋

口絵 p15

上端線

実物大型紙
(縫い代を含む、紙面の都合上一部のみ掲載)

材料
刺しゅう布 / 麻地 (オフホワイト)　ヨコ40×タテ35cm
刺しゅう糸 / コスモ25番刺しゅう糸　ブルー216　茶307
ビーズ / 4mm パール (白)　1個、2mm パール (ライトグレー)　12個、
　　　 丸小ビーズ (ゴールド)、特小ビーズ (シルバー)　各適宜
その他 / 裏地用木綿地　ヨコ40×タテ20cm、5mm巾サテンリボン (ブルー)　1m
※仕上がりサイズ：ヨコ14×タテ18cm

＊糸は指定以外全て216で刺します。

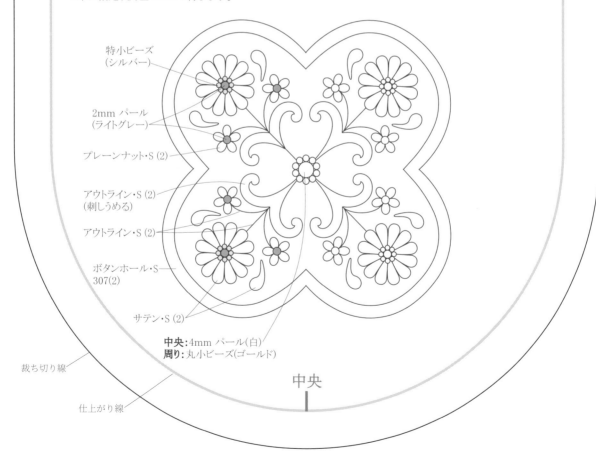

特小ビーズ
(シルバー)

2mm パール
(ライトグレー)

プレーンナット・S (2)

アウトライン・S (2)
(刺しうめる)

アウトライン・S (2)

ボタンホール・S
307(2)

サテン・S (2)

中央: 4mm パール(白)
周り: 丸小ビーズ(ゴールド)

裁ち切り線

仕上がり線

中央

54

①表布前面に刺しゅうする
②①と表布後面を中表に合わせ、あき止まりから下を縫う
③裏布も②と同様にして内袋を作る
④②の縫い代を割り、縫い代を外表に倒してアイロンで形を作る
　内袋も同様にする
⑤④の袋口を上端線から折ってミシンを2本かけ、テープ通しを作る
⑥⑤を表に返し、上端の縫い代を折り込んだ③を入れ、ミシン目のきわにまつりつける
⑦⑥のテープ通しの上の部分(4ケ所)を、それぞれコの字とじで縫い合わせる(別図参照)
⑧テープ通し口にサテンリボン(50cm×2本)を両側から通し、結ぶ

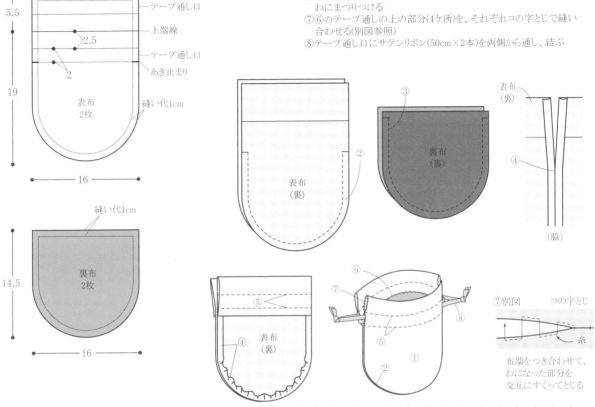

テープ通し口
上端線
2.5
テープ通し口
あき止まり
5.5
2.5
2
19
表布
2枚
縫い代1cm
16

縫い代1cm
裏布
2枚
14.5
16

表布
(裏)
②

③
裏布
(裏)
②

表布
(裏)
④
④

⑥
⑦
⑤
⑧
⑤
②
①

表布
(裏)
④

(脇)

⑦別図　　　コの字とじ
糸
布端をつき合わせて、
わになった部分を
交互にすくってとじる

◆ ◆

Retro blossoms　　解説はp62に掲載

ミニクッション
口絵 p23

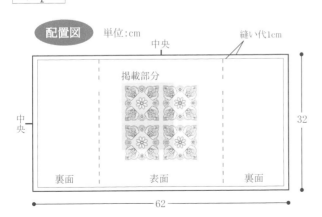

中央
縫い代1cm
掲載部分
中央
裏面　　表面　　裏面
32
62

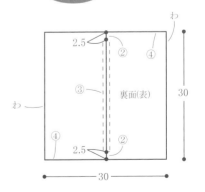

わ
2.5　②　④
③
わ　　裏面(表)　　30
④　②
2.5
30

①刺しゅう布表面に刺しゅうする
②裏面をファスナー付け位置まで縫い合わせる
③ファスナーを付け、開けておく
④③を中表にして、上下を縫い合わせ、表に返す

Mehndi flowers

がま口ポーチ

口絵 p16

材料
刺しゅう布 / モアレ加工化繊地 (ベージュ)　ヨコ20×タテ35cm
刺しゅう糸 / コスモ25番刺しゅう糸　白2500
ビーズ / 3mm パール (白)　9個、特小ビーズ (ライトゴールド)　適宜
その他 / 裏地用木綿地　ヨコ20×タテ35cm、接着芯　同寸、
　　　　10cm巾口金　1個、紙ひも　適宜

＊糸は全て白で刺します。
＊♥印のパールとビーズは、
　裏に接着芯を貼ってから付けます。

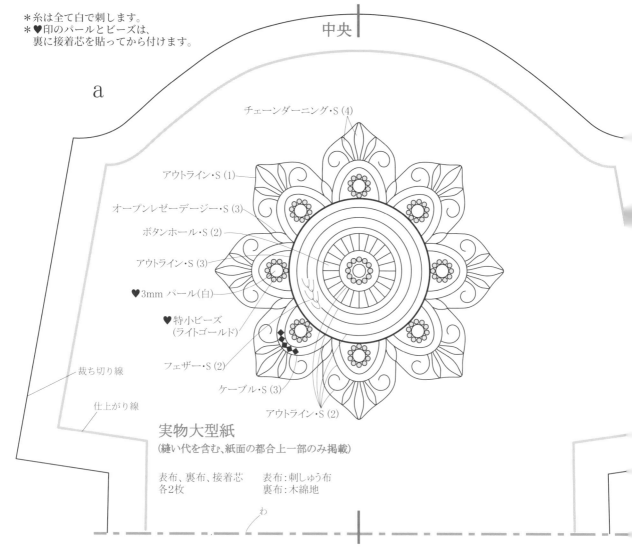

中央

a

チェーンダーニング・S (4)
アウトライン・S (1)
オープンレゼーデージー・S (3)
ボタンホール・S (2)
アウトライン・S (3)
♥3mm パール(白)
♥特小ビーズ
(ライトゴールド)
フェザー・S (2)
ケーブル・S (3)
アウトライン・S (2)

裁ち切り線
仕上がり線

実物大型紙
(縫い代を含む、紙面の都合上一部のみ掲載)

表布、裏布、接着芯　　表布:刺しゅう布
各2枚　　　　　　　　裏布:木綿地

わ

仕立て方　単位:cm

①表布前面に刺しゅうする
②表布前面、後面の裏に接着芯を貼り、
　♥印のパールとビーズを付けてから、
　両脇を縫う
③②の縫い代を割り、印同士を合わせて
　縫ってマチを作り、表に返す
④裏布も③と同様に縫う

表布
(裏、接着芯付き)

②　　　②

わ

マチ

③

★　　　★　　　☆

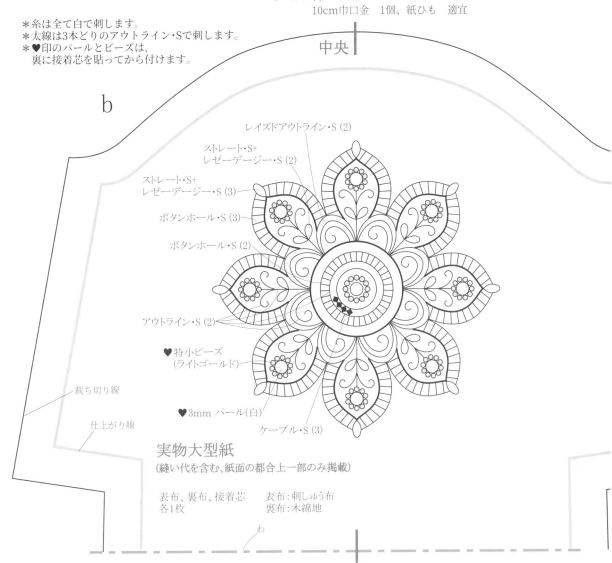

材料

刺しゅう布 / モアレ加工化繊地 (ピンク)　ヨコ20×タテ35cm
刺しゅう糸 / コスモ25番刺しゅう糸　白2500
ビーズ / 3mm パール (白)　9個、特小ビーズ (ライトゴールド)　適宜
その他 / 裏地用木綿地　ヨコ20×タテ35cm、接着芯　同寸、
　　　　10cm巾口金　1個、紙ひも　適宜

＊糸は全て白で刺します。
＊太線は3本どりのアウトライン・Sで刺します。
＊♥印のパールとビーズは、
　裏に接着芯を貼ってから付けます。

中央

b

レイズドアウトライン・S (2)

ストレート・S+
レゼーデージー・S (2)

ストレート・S+
レゼーデージー・S (3)

ボタンホール・S (3)

ボタンホール・S (2)

アウトライン・S (2)

♥特小ビーズ
(ライトゴールド)

♥3mm パール(白)

ケーブル・S (3)

裁ち切り線

仕上がり線

実物大型紙
(縫い代を含む、紙面の都合上一部のみ掲載)

表布、裏布、接着芯　　　表布：刺しゅう布
各1枚　　　　　　　　　裏布：木綿地

わ

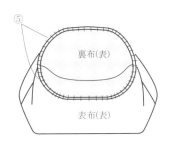

⑤

裏布(表)

表布(表)

⑤③に④を入れ、表布と裏布の縫い代
を外表に折り、合わせてまつる

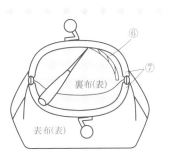

⑥

⑦

裏布(表)

表布(表)

⑥口金の溝に接着剤を入れ、⑤と
　紙ひもを目打ちで押し込む
⑦口金の両端をペンチで押さえる

57

Memories of Amalfi
ファスナーポーチ
口絵 p18

材料
刺しゅう布 / 麻地 (**a**：ブルー、**b**：オフホワイト)　ヨコ35×タテ20cm (一個分)
刺しゅう糸 / コスモ25番刺しゅう糸
　　　a　黄2299、2006　茶307　グリーン324、334　金茶2702　白2500
　　　b　ブルー216　黄2299、2006　茶307　グリーン324、334　金茶2702　白2500
その他 / 裏地用木綿地　ヨコ35×タテ20cm、接着芯　ヨコ25×タテ15cm、20cmのファスナー　1本 (各一個分)
※仕上がりサイズ：11×11cm

＊刺しゅうは、指定以外**a**、**b**同様に刺します。

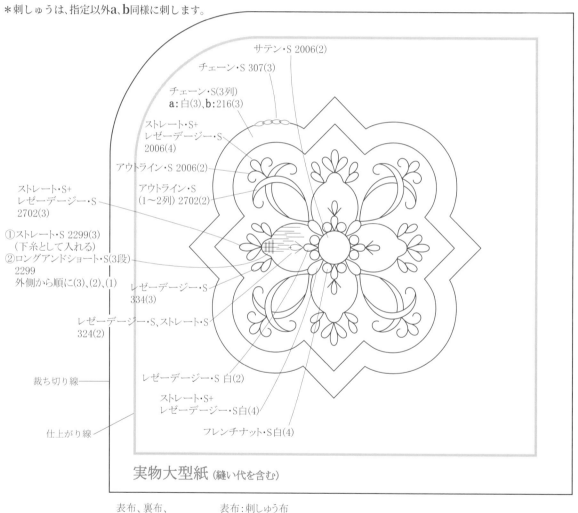

サテン・S 2006(2)
チェーン・S 307(3)
チェーン・S(3列)
a:白(3)、**b**:216(3)
ストレート・S+
レゼーデージー・S
2006(4)
アウトライン・S 2006(2)
アウトライン・S
(1〜2列) 2702(2)
ストレート・S+
レゼーデージー・S
2702(3)
①ストレート・S 2299(3)
　(下糸として入れる)
②ロングアンドショート・S(3段)
　2299
　外側から順に(3)、(2)、(1)
レゼーデージー・S
334(3)
レゼーデージー・S、ストレート・S
324(2)
レゼーデージー・S 白(2)
ストレート・S+
レゼーデージー・S白(4)
フレンチナット・S白(4)
裁ち切り線
仕上がり線

実物大型紙 (縫い代を含む)

表布、裏布、　　　表布:刺しゅう布
接着芯(縫い代不要)　裏布:木綿地
各2枚

仕立て方はp71に掲載

58

Floral labyrinth
カルトナージュボックス
口絵 p22

材料

刺しゅう布 / 外側:麻地 (ブルーグリーン)　ヨコ110×タテ40cm
刺しゅう糸 / コスモ25番刺しゅう糸
　　　　　紫262　グリーン271・272　茶307・2307　ブルー412　赤紫2480・482
ビーズ / 4mm パール (淡ブルー)　1個、4mm パール (ライトゴールド)　4個、3mm パール (ライトゴールド)　4個、
　　　　丸小ビーズ (ゴールド)、丸小ビーズ (クリーム)　各適宜
その他 / 内側:木綿地　ヨコ110タテ20cm、市販のカルトナージュボックスキット
　　　　　[出来上がりサイズ:ヨコ18×タテ14×高さ12cm]　1個

＊作品作りに入る前にカルトナージュボックスキットを
　先に購入し、付属の説明書をよくご覧になってから、
　刺し始めてください。

ロングアンドショート・S(3段)
外側から順に
2307(2)(1段)、307(2)(2段)

中央:4mm パール(淡ブルー)
周り:丸小ビーズ(ゴールド)

①バック・S(2列) 307(2)
　(下糸として刺す)
②ボタンホール・S 307(2)

丸小ビーズ(クリーム)

ストレート・S+
レゼーデージー・S
482(3)

アウトライン・S 272(2)

アウトライン・S 2307(2)

花弁:プレーンナット・S+
レゼーデージー・S 412(3)
花芯:丸小ビーズ(ゴールド)
茎:アウトライン・S 272(2)
葉:サテン・S 272(2)

レイズドアウトライン・S
(5列) 2480(2)

4mm パール
(ライトゴールド)

フレンチナット・S
262(2)

サテン・S(下糸なし)
482(2)

仕上がり線

ストレート・S
262(3)

3mm パール
(ライトゴールド)

アウトライン・S 271(2)

ストレート・S 482(3)

Pearl ribbon
バッグチャーム、バレッタ、ブローチ
口絵 p20

材料

a 〈バッグチャーム〉
刺しゅう布 / コスモ1700番フリーステッチ用コットンクロス (33ピンク)　15×15cm
刺しゅう糸 / コスモ25番刺しゅう糸　ピンク111　茶307　白2500
ビーズ / 6mm パール (白)　23個、4mm パール (ライトグレー)　7個、2mm パール (ライトグレー)　110個
その他 / ハードフェルト　ヨコ20×タテ10cm、3mm巾サテンリボン (ピンク)　3cm、
　　　　バッグチャームチェーン [長さ：約12.5cm]　1個

b 〈バレッタ〉
刺しゅう布 / コスモ1700番フリーステッチ用コットンクロス (1ブラック)　15×15cm
刺しゅう糸 / コスモ25番刺しゅう糸　グレー156　茶307　白2500
ビーズ / 6mm パール (白)　23個、4mm パール (ライトグレー)　7個、2mm パール (ライトグレー)　110個
その他 / ハードフェルト　ヨコ20×タテ10cm、バレッタ用金具 [長さ：6cm]　1個

c 〈ブローチ〉
刺しゅう布 / コスモ1700番フリーステッチ用コットンクロス (11ホワイト)　15×15cm
刺しゅう糸 / コスモ25番刺しゅう糸　茶307　白2500
ビーズ / 6mm パール (白)　23個、4mm パール (ライトグレー)　7個、2mm パール (ライトグレー)　110個
その他 / ハードフェルト　ヨコ20×タテ10cm、ブローチピン　1個

＊糸は全て3本どりで刺します。
＊刺しゅうは、指定以外a〜c同様に刺します。

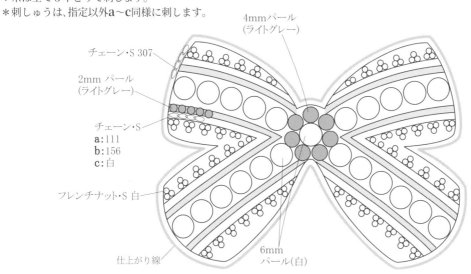

仕立て方 単位:cm

a〜c〈共通〉

①刺しゅう布に刺しゅうし、1cm残して裁つ
②厚紙を1枚、ハードフェルトを2枚、それぞれ仕上がり線の大きさにカットしておく

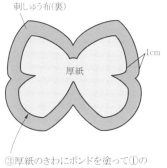

刺しゅう布(裏)

厚紙

1cm

③厚紙のきわにボンドを塗って①の裏に重ね、動かないように止める

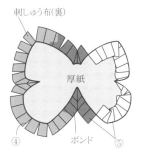

刺しゅう布(裏)

厚紙

④

ボンド

⑤

④1cm残した部分に細かく切り込みを入れる
⑤④にボンドを塗りながら、裏側に折って厚紙に貼り付ける

---

a〈バッグチャーム〉

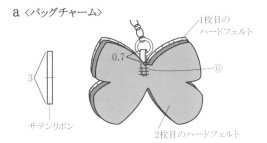

1枚目のハードフェルト

0.7

⑥

3

サテンリボン

2枚目のハードフェルト

①〜⑤まで作る
⑥バッグチャームの金具を通したサテンリボンを2つ折りにし、1枚目のハードフェルトに縫いつける
⑦⑤に⑥を貼り付ける
⑧2枚目のハードフェルトを⑦にボンドで貼り付け、完全に乾くまで手芸用クリップ等で固定する
⑨はみ出したハードフェルトをカットして形を整える

c〈ブローチ〉

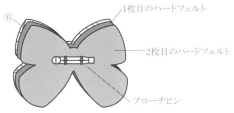

⑥

1枚目のハードフェルト

2枚目のハードフェルト

ブローチピン

①〜⑤まで作る
⑥⑤の裏側に1枚目のハードフェルトをボンドで貼り付ける
⑦2枚目のハードフェルトの裏側にブローチピンを縫い付け、ボンドで⑥に貼り付ける
　完全に乾くまで手芸用クリップ等で固定する
⑧はみ出したハードフェルトをカットして形を整える

---

b〈バレッタ〉

⑥上(★方向)から見た図

刺しゅう布+厚紙

1枚目のハードフェルト

丸み

①〜⑤まで作る
⑥⑤の裏側に1枚目のハードフェルトをボンドで貼り付け、手で全体を少しずつ曲げて丸みをつける

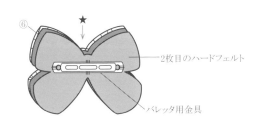

⑥

★

2枚目のハードフェルト

バレッタ用金具

⑦2枚目のハードフェルトの裏側にバレッタ用金具を縫い付け、ボンドで⑥に貼り付ける
　完全に乾くまで手芸用クリップ等で固定する
⑧はみ出したハードフェルトをカットして形を整える

Retro blossoms
ミニクッション
口絵 p23

材料

刺しゅう布 / コスモ1700番フリーステッチ用コットンクロス (50ライトハニー)　ヨコ65×タテ35cm
刺しゅう糸 / コスモ25番刺しゅう糸
　　　　　　黄144A、300　茶307・2037　白2500
ビーズ / 4mm パール (ライトゴールド)　4個、3mm パール (ライトゴールド)　16個、特小ビーズ (ライトゴールド)　適宜
その他 / 25cmのファスナー　1本、パンヤ　1個

ボタンホール・S 2307(2)
チェーンダーニング・S 300(4)
ボタンホール・S 300(3)
白(4)
アウトライン・S 307(2)
ボタンホール・S 2307(2)
レイズドアウトライン・S 144A(3)
アウトライン・S 144A(2)
レイズドアウトライン・S 144A(2)
中央:3mm パール(ライトゴールド)
周り:特小ビーズ(ライトゴールド)
144A(3)
プレーンナット・S+
レゼーデージー・S 白(3)
フレンチナット・S 300(2)
レイズドアウトライン・S 144A(2)
サテン・S 300(4)
中央
中央

中央:4mm パール(ライトゴールド)
周り:特小ビーズ(ライトゴールド)

図案の位置
目安線

仕立て方はp55に掲載

Malaysian Songket design
トートバッグ
口絵 p24

材料

刺しゅう布 / 麻地 (ブルー)　ヨコ90×タテ40cm
刺しゅう糸 / コスモ25番刺しゅう糸
　　　　　ピンク111　茶307　グリーン324、353　浅葱372　金茶702、822
ビーズ / 2mm パール (ライトグレー)　4個、2mm パール (白)　5個
その他 / 裏地用木綿地　ヨコ70×タテ30cm、接着芯　ヨコ65×タテ30cm

＊♥印のパールは、裏に接着芯を貼ってから付けます。

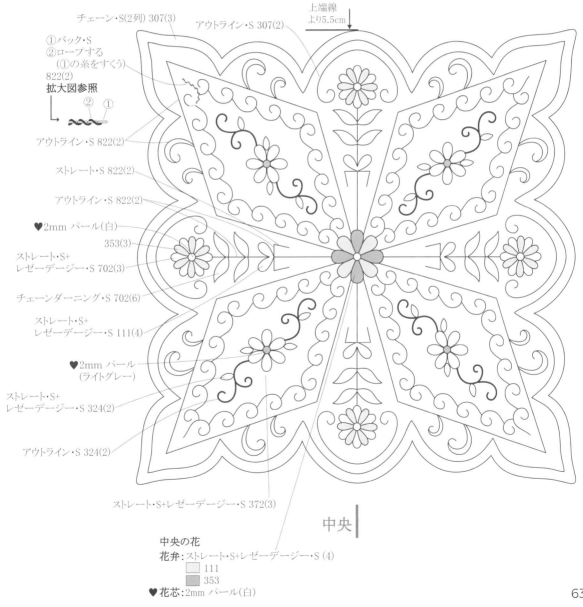

チェーン・S(2列) 307(3)
アウトライン・S 307(2)
①バック・S
②ループする
　(①の糸をすくう)
822(2)
拡大図参照
②　①
アウトライン・S 822(2)
ストレート・S 822(2)
アウトライン・S 822(2)
♥2mm パール(白)
353(3)
ストレート・S+
レゼーデージー・S 702(3)
チェーンダーニング・S 702(6)
ストレート・S+
レゼーデージー・S 111(4)
♥2mm パール
(ライトグレー)
ストレート・S+
レゼーデージー・S 324(2)
アウトライン・S 324(2)
ストレート・S+レゼーデージー・S 372(3)

上端線
より5.5cm

中央

中央の花
花弁:ストレート・S+レゼーデージー・S (4)
　　　□ 111
　　　■ 353
♥花芯:2mm パール(白)

63

裁ち方図　単位:cm

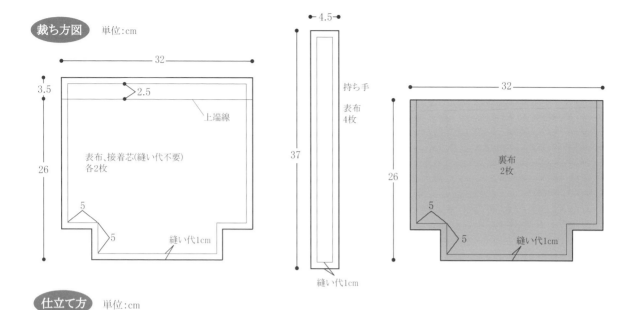

持ち手
表布
4枚

4.5

37

縫い代1cm

32

3.5

2.5

上端線

表布,接着芯(縫い代不要)
各2枚

26

5

5

縫い代1cm

32

裏布
2枚

26

5

5

縫い代1cm

仕立て方　単位:cm

①表布前面に刺しゅうし、裏に接着芯を貼ってから、♥印のパール
　を付け、後面の裏にも接着芯を貼る
②①を中表にし、両脇と底を縫う
③裏布も同様に縫う
④②の縫い代を割り、それぞれ印同士を合わせて縫い、マチを作る
⑤③も同様にする
⑥④を表に返し、⑤を入れ、縫い代を折り込んでから上端線で折る

⑦持ち手用の布の縫い代を折り込み、2枚を外表に合わせてミシンをかけ、
　持ち手を2本作る
⑧⑥の内側に⑦を仮止めし、ミシンをかける
⑨袋口にミシンを2本かける
⑩底にヨコ20×タテ10cmにカットした底板ボードを入れる

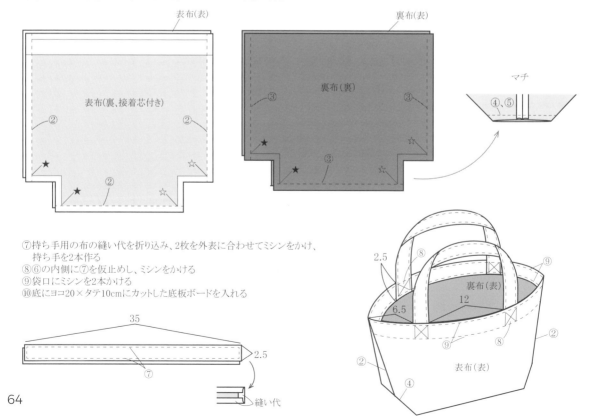

Country flower

ミニバッグ

口絵 p26

材料

刺しゅう布 / コスモ1700番フリーステッチ用コットンクロス (50ライトハニー)　ヨコ70×タテ35cm

刺しゅう糸 / コスモ25番刺しゅう糸

　　　　　ピンク111・2111　青紫2172　ローズ2221　茶307　グリーン334・335　灰褐色367　ワイン653　ブルー662

ビーズ / 4mm パール (淡ブルー)　1個、4mm パール (白)　8個、2mm パール (クリーム)　12個、

　　　丸小ビーズ (ゴールド)、特小ビーズ (ライトゴールド)　各適宜

その他 / 裏地用木綿地　ヨコ50×タテ30cm、接着芯　同寸

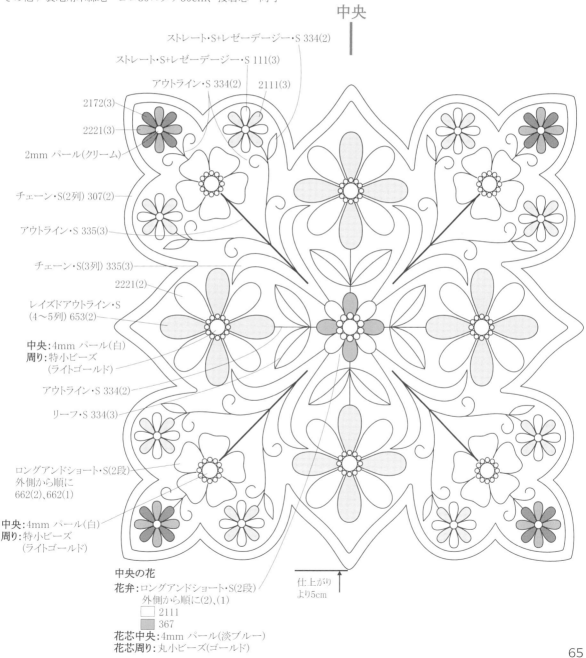

中央

ストレート・S+レゼーデージー・S 334(2)

ストレート・S+レゼーデージー・S 111(3)

アウトライン・S 334(2)　　2111(3)

2172(3)

2221(3)

2mm パール(クリーム)

チェーン・S(2列) 307(2)

アウトライン・S 335(3)

チェーン・S(3列) 335(3)

2221(2)

レイズドアウトライン・S
(4〜5列) 653(2)

中央:4mm パール(白)
周り:特小ビーズ
(ライトゴールド)

アウトライン・S 334(2)

リーフ・S 334(3)

ロングアンドショート・S(2段)
外側から順に
662(2)、662(1)

中央:4mm パール(白)
周り:特小ビーズ
(ライトゴールド)

中央の花
花弁:ロングアンドショート・S(2段)
　　　外側から順に(2)、(1)
　　□ 2111
　　■ 367
花芯中央:4mm パール(淡ブルー)
花芯周り:丸小ビーズ(ゴールド)

仕上がり
より5cm

65

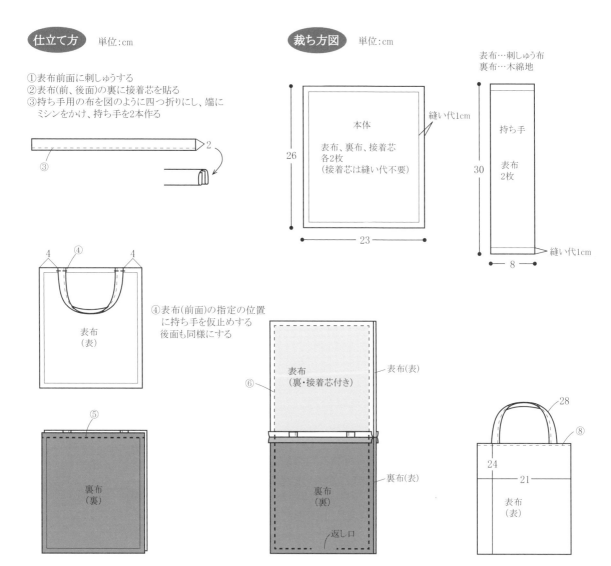

仕立て方 単位:cm

① 表布前面に刺しゅうする
② 表布(前、後面)の裏に接着芯を貼る
③ 持ち手用の布を図のように四つ折りにし、端に
　ミシンをかけ、持ち手を2本作る

裁ち方図 単位:cm

表布…刺しゅう布
裏布…木綿地

本体
表布、裏布、接着芯
各2枚
(接着芯は縫い代不要)

縫い代1cm

26

23

持ち手

表布

2枚

30

縫い代1cm

8

④ 表布(前面)の指定の位置
　に持ち手を仮止めする
　後面も同様にする

⑤④の表面に裏布を中表に重ね、
　上部分を縫う。これを2組作る

⑥⑤を2組とも開き中表に合わせ、縫い代を
　開き、返し口を残して周囲を縫う
⑦返し口から表に返し、裏布が表になる状
　態にして、返し口をとじ合わせる

⑧表布が表になるように返し、
　袋口に端ミシンをかける

表布(裏・接着芯付き)

表布(表)

裏布(表)

裏布(裏)

返し口

表布(表)

28

8

24

21

Flower Garden Brooch

刺しゅう枠オーナメント

口絵 p28

材料

刺しゅう布 / コスモ1700番フリーステッチ用コットンクロス (41ターコイズグリーン)　25×25cm
刺しゅう糸 / コスモ25番刺しゅう糸
　　　　茶307　グリーン333・334　赤紫480A・2480・481A　ブルーグリーン897　白2500
ビーズ / 4mm パール (淡ピンク)　7個、4mm パール (淡ブルー)　4個、
　　　　特小ビーズ (ライトゴールド)　適宜
その他 / 直径15cmの刺しゅう枠　1個

仕立て方は38頁に掲載

＊太線は全てアウトライン・S 333(2)で刺します。

中央:4mm パール(淡ブルー)
周り:特小ビーズ(ライトゴールド)

①ボタンホール・S 481A(2)
②ロープする 481A(2)
(①の頭をすくう)
← 拡大図参照

②①
ストレート・S 333(2)

★
①バック・S 480A(2)
②ロープする 480A(2)
(①の糸をすくう)
拡大図参照↓
②①

ボタンホール・S 334(2)

アウトライン・S 333(1)

ロングアンド
ショート・S
480A(1)

★①バック・S 333(2)
②ロープする 333(2)
(①の糸をすくう)

ロングアンドショート・S 333(1)

オープンレゼーデージー・S 白(2)

★①バック・S 480A(2)
②ロープする 480A(2)
(①の糸をすくう)

特小ビーズ(ライトゴールド)

4mm パール
(淡ピンク)

ストレート・S
480A(1)

③④
①⑤②
⑤②

周りの模様:
①チェーン・S(2列) 307(3)
②チェーン・S 897(3)
③フレンチナットダーニング・S 白(3)
(①に重ねる)
④オープンレゼーデージー・S 白(4)
(①に重ねる)
⑤フレンチナット・S 333、2480各(3)
(交互に配色する)

仕上がり線

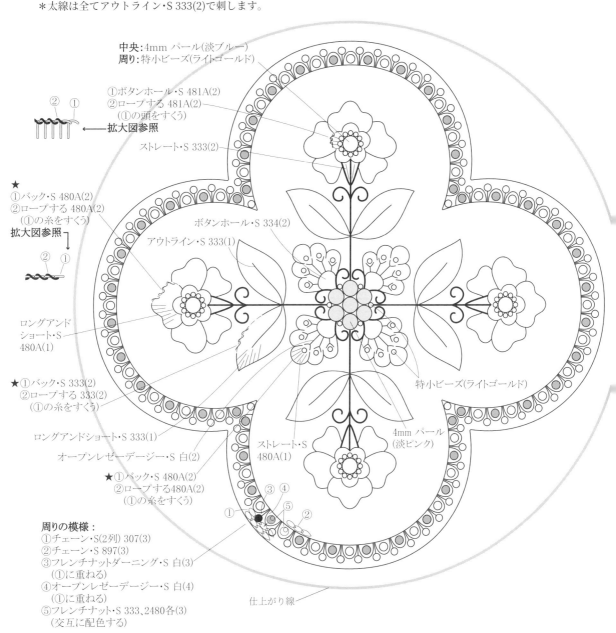

パネル仕立ての壁飾り
口絵 p30

本体

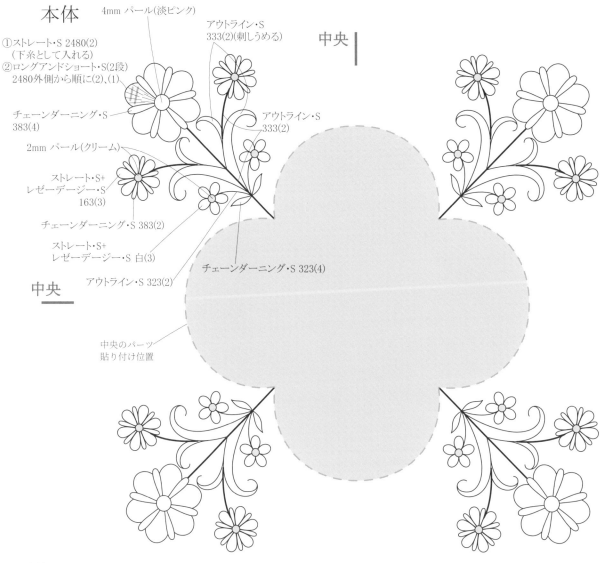

4mm パール(淡ピンク)

アウトライン・S
333(2)(刺しうめる)

中央

①ストレート・S 2480(2)
(下糸として入れる)
②ロングアンドショート・S(2段)
2480外側から順に(2)、(1)

アウトライン・S
333(2)

チェーンダーニング・S
383(4)

2mm パール(クリーム)

ストレート・S+
レゼーデージー・S
163(3)

チェーンダーニング・S 383(2)

ストレート・S+
レゼーデージー・S 白(3)

チェーンダーニング・S 323(4)

中央

アウトライン・S 323(2)

中央のパーツ
貼り付け位置

本体

 単位:cm

①刺しゅう布に刺しゅうをし、仕上がりから外側に約
　3cm残して裁つ
②木製パネルの□部分に両面テープを貼り、布を
　少し引っ張りながら貼り付ける
③角の余った布を★印に沿って折り目をつけ、引っ
　張りながら図のように折り込む
④開いたホチキスで留めつける

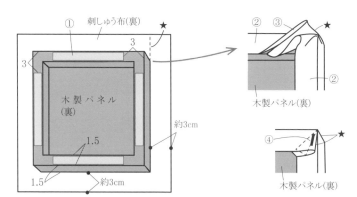

① 刺しゅう布(裏)
3
3
木製パネル(裏)
1.5
1.5
約3cm
約3cm

② ③
★
木製パネル(裏)

④
★
木製パネル(裏)

材料

刺しゅう布 / **本体**：麻地 (ライム)　25×25cm、**中央のパーツ**：麻地 (オフホワイト)　15×15cm

刺しゅう糸 / コスモ25番刺しゅう糸
　　　　　　青紫2172　グリーン323、333・334　茶383　ブルー411　赤紫481A・2480　白2500

ビーズ / 4mm パール (淡ピンク)　5個、2mm パール (クリーム)　82個

その他 / キルト芯、厚紙　各適宜、市販の15cm角木製パネル
　　　　[仕上がり寸法：15×15×奥行1.5cm]　1個

＊本体と中央のパーツをそれぞれの仕立て方で
　仕立てた後、右下の全体の作り方を見て仕上げ
　をします。

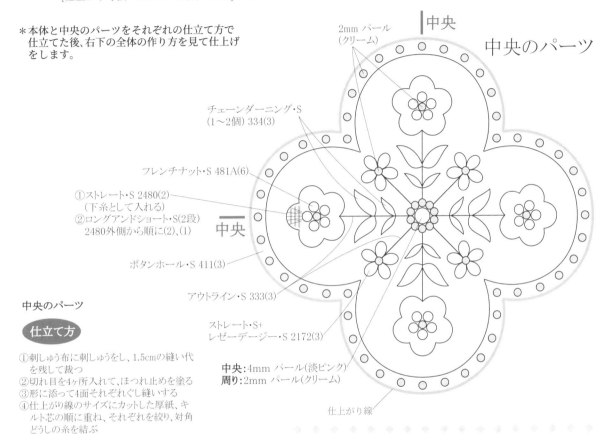

2mm パール
(クリーム)

中央

中央のパーツ

チェーンダーニング・S
(1〜2個) 334(3)

フレンチナット・S 481A(6)

①ストレート・S 2480(2)
　(下糸として入れる)
②ロングアンドショート・S(2段)
　2480外側から順に(2)、(1)

中央

ボタンホール・S 411(3)

アウトライン・S 333(3)

ストレート・S＋
レゼーデージー・S 2172(3)

中央：4mm パール (淡ピンク)
周り：2mm パール (クリーム)

仕上がり線

中央のパーツ

仕立て方

①刺しゅう布に刺しゅうをし、1.5cmの縫い代
　を残して裁つ
②切れ目を4ヶ所入れて、ほつれ止めを塗る
③形に添って4面それぞれぐし縫いする
④仕上がり線のサイズにカットした厚紙、キル
　ト芯の順に重ね、それぞれを絞り、対角
　どうしの糸を結ぶ
⑤④に糸を渡して絞り、形を整える

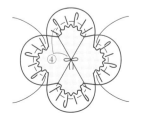

②カット
ほつれ止め
厚紙
③
刺しゅう布(裏)
縫い代
1.5cm
キルト芯

④
⑤

全体の作り方　単位:cm

1 本体と中央のパーツ、それぞれを仕立てる
2 本体の貼り付け位置に両面テープを貼り、
　中央のパーツを貼り付ける

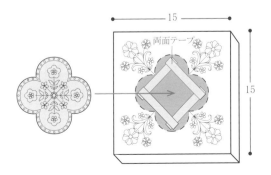

両面テープ
15
15

Floral butterfly
ポーチ
口絵 p32

材料

刺しゅう布 / モアレ加工化繊地 (オフホワイト)　ヨコ25×タテ35cm

刺しゅう糸 / コスモ25番刺しゅう糸

　　　　黄143、2297　ブルー162A、662、2025　青紫2172　茶307　グリーン

　　　　333・335　赤茶462　赤紫2480　ローズ812

ビーズ / 4mm パール (淡ピンク)　2個、4mm パール (淡ブルー)　2個、

　　　　3mm パール (ゴールド)　2個、3mm パール (白)　2個、

　　　　丸小ビーズ (ゴールド)、特小ビーズ (ライトゴールド)　各適宜

その他 / 裏地用木綿地　ヨコ25×タテ35cm、接着芯　同寸、30cmのファスナー　1本

小花

花弁：ストレート・S+レゼーデージー・S (3)

♥花芯：丸小ビーズ(ゴールド)

★印以外、全てこの刺し方にする

＊♥印のパールとビーズは、
裏に接着芯を貼ってから付けます。

実物大型紙 (縫い代を含む)

表布、裏布
接着芯(縫い代不要)
各1枚

表布：刺しゅう布
裏布：木綿地

中央

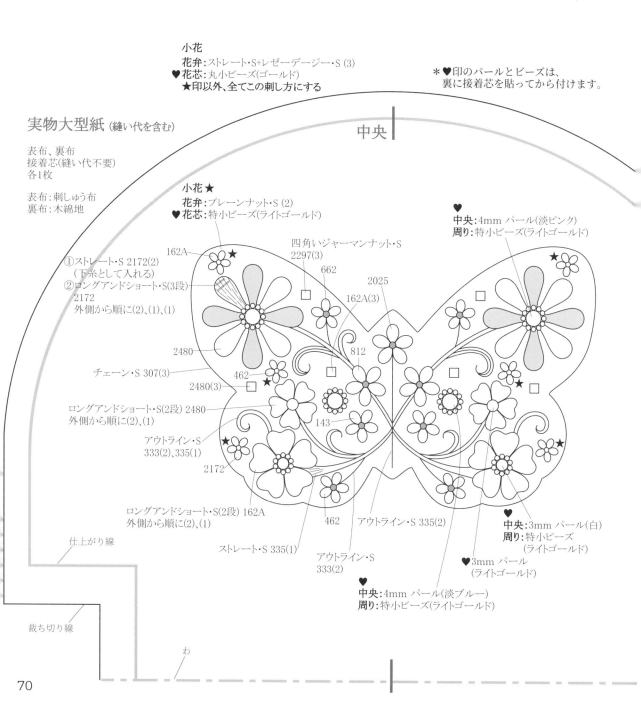

小花 ★
花弁：プレーンナット・S (2)
♥花芯：特小ビーズ(ライトゴールド)

162A

四角いジャーマンナット・S
2297(3)

662

2025

162A(3)

♥中央：4mm パール(淡ピンク)
周り：特小ビーズ(ライトゴールド)

①ストレート・S 2172(2)
(下糸として入れる)
②ロングアンドショート・S(3段)
2172
外側から順に(2)、(1)、(1)

2480

812

チェーン・S 307(3)

2480(3)

462

143

ロングアンドショート・S(2段) 2480
外側から順に(2)、(1)

アウトライン・S
333(2)、335(1)

2172

♥中央：3mm パール(白)
周り：特小ビーズ
(ライトゴールド)

ロングアンドショート・S(2段) 162A
外側から順に(2)、(1)

462

アウトライン・S 335(2)

♥3mm パール
(ライトゴールド)

ストレート・S 335(1)

アウトライン・S
333(2)

♥中央：4mm パール(淡ブルー)
周り：特小ビーズ(ライトゴールド)

仕上がり線

裁ち切り線

わ

70

仕立て方 単位:cm

①表布に刺しゅうする
②①の裏側に接着芯を貼り、❤印のパールとビーズを付ける
③ファスナーを開いて、それぞれに端から3cmずつひかえて縫いつける
④③を中表に合わせ、ファスナーの端から下を縫い合わせる
⑤④の縫い代を割り、印同士を合わせて縫ってマチを作り、表に返す

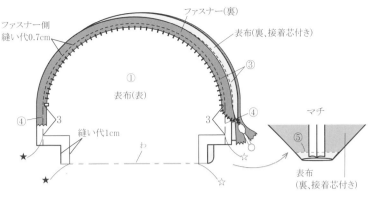

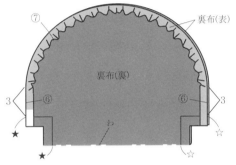

⑥裏布を中表にして、端から3cmを縫う
⑦縫い代を折り、あけ口はアイロンで形を作る
⑧⑤と同様に印同士を合わせて縫い、マチを作る

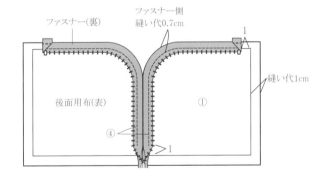

⑨⑤に⑧を入れ込み、ファスナーのきわに1周まつりつける

◆ ◆ ◆ ◆ ◆ ◆ ◆ ◆ ◆ ◆ ◆ ◆ ◆ ◆ ◆ ◆ ◆ ◆ ◆ ◆

Memories of Amalfi 　解説はp58に掲載

ファスナーポーチ
口絵 p18

仕立て方 単位:cm

①表布前面に刺しゅうする
②①と、後面の裏に接着芯を貼る
③ファスナーの端を始末する

④ファスナーを開いて、①と裏面用布それぞれに端から1cmずつひかえて縫いつける

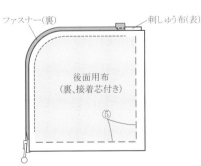

⑤④を中表にしてのこりの2辺を縫い、表に返しておく

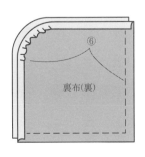

⑥裏布も同様に中表にして2辺を縫い、あけ口は縫い代を折り、アイロンで形を作る

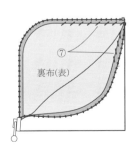

⑦⑤の中に⑥を入れ込み、ファスナーのきわに一周まつりつける

71

スイーツアーティストKUNIKA×戸塚刺しゅう　かわいいクッキー刺繍 Sweet Cookie Embroidery

2024年3月25日　初版第1刷発行

©2024 KEIYUSHA　©2024 KUNIKA　Printed in Japan

■編集人　岩永 幸
■発行人　戸塚康一郎
■発行所　株式会社 啓佑社
　〒112-0014　東京都文京区関口 1-8-6 メゾン文京関口Ⅱ 403号
　TEL.03-3268-2418(代表)　FAX.03-3267-0949

■印刷　株式会社シナノ

本誌掲載のものを複製頒布・転載することは禁じられています。
万一、落丁、乱丁がありましたら、お取り換えいたします。

Staff

企画／株式会社 啓佑社
図案／KUNIKA
作品制作／堂前 充子　佐野 千鶴子
撮影／木下 大造　KUNIKA
スタイリング／西森 萌
協力／株式会社ルシアン
材料協力／植村株式会社　株式会社たけみや
　　　　　内藤商事株式会社　日本紐釦貿易株式会社
作品仕立て／保立 恵美子　矢野 順子
作り方解説／小木曽 奈々
企画協力／大阿久 綾乃
編集担当／岩永 幸　見田 郁代

ホームページ　http://www.keiyu-sha.co.jp/

 https://www.instagram.com/keiyusha/